AF230632

LE LENDEMAIN

DE

LA RÉVOLUTION

PAR

J.-G. PRAT

> Saltimbanques du progrès, tant que l'on verra dans vos sociétés un infirme manquer de secours, ou un homme valide manquer de travail et de pain, votre système ne sera que caricature sociale, absence de lumières, de raison et d'esprit religieux.
>
> CH. FOURIER.

PRIX : 1 FRANC

PARIS

E. DENTU, ÉDITEUR

3, PLACE DE VALOIS-PALAIS-ROYAL

—

1889

LE LENDEMAIN

DE

LA RÉVOLUTION

OUVRAGES DU MÊME AUTEUR

TRADUCTIONS

Traité politique de Spinoza, traduit en français *pour la première fois* et
annoté par J.-G. Prat.

Principes de la philosophie de Descartes, et Méditations métaphysiques de
Spinoza, traduit en français *pour la première fois* et annotés par J.-G. Prat.

Traité théologico-politique de Spinoza, traduction entièrement nouvelle et
conforme au texte original.

De la droite manière de vivre, traduit et annoté.

ETHIQUE, de Dieu; — de l'Ame, traduit et annoté.

Choix de Lettres inédites, traduites en français *pour la première fois*.

ETHIQUE — des Passions — de la Servitude — de la Liberté. (*Sous presse.*)

OEUVRES DIVERSES

De la politique rationnelle de la France à l'extérieur.

De la Destinée de l'homme sur la terre.

Tealdo, roman.

L'Assistance sous la Convention.

L'Instruction sous la Convention.

Les Exploits du Deux Décembre. (1ʳᵉ série.)
          dᵒ   (2ᵒ série.)

Voyages et Aventures d'Almanarre.

Almanach pour l'année 1876.

Le peintre Louis Français.

La question des loyers, du pain, du travail et le Conseil municipal de Paris.

La Constitution de 1793 annotée, comparée avec la Constitution de 1848
la Constitution des Etats-Unis d'Amérique.

Sycophas ou le spiritualiste à l'épreuve. (*Conte inédit.*)

THÉATRE

Roland des Cévennes, drame historique en cinq actes.

L'abbesse de Remiremont,   dᵒ

Marozia,   dᵒ

Stefania,   dᵒ

Mordoc, drame en quatre actes.

Une Séquestration, drame en cinq actes.

Les droits du propriétaire, comédie en quatre actes.

Les déboires de Bourboussou, comédie-vaudeville en trois actes.

Greluchon, opérette-bouffe en trois actes, etc.

Un homme à marier, folie-vaudeville en trois actes.

LE LENDEMAIN

DE

LA RÉVOLUTION

PAR

J.-G. PRAT

> Saltimbanques du progrès, tant que l'on verra dans vos sociétés un infirme manquer de secours, ou un homme valide manquer de travail et de pain, votre système ne sera que caricature sociale, absence de lumières, de raison et d'esprit religieux.
>
> CH. FOURIER.

PARIS

E. DENTU, ÉDITEUR

3, PLACE DE VALOIS-PALAIS-ROYAL

1889

PRÉFACE

Celui qui écrit ces lignes veut espérer que la révolution dont il est ici question, révolution que tout le monde pressent, révolution inévitable, ne sera pas une révolution violente ; mais une révolution pacifique, accomplie par la puissance du suffrage universel, par la volonté intelligente de la nation comprenant ses véritables intérêts.

Car si, depuis cent ans, chez nous, les révolutions violentes ont posé les principes libérateurs, sur des assises inébranlables, au prix de quelles ruines, de quels deuils, de quels flots de sang répandus, tous le savent ! jamais elles n'ont réalisé pleinement ces principes dans la pratique.

Des traîtres, des aigres-fins, par leurs calomnies éhontées, par leurs menées sourdes à outrance, ont bientôt annulé l'effort magnanime de tout un peuple aspirant à s'élever à une condition meilleure ; et ramené dans la politique, dans la religion, dans l'enseignement, les errements condamnés des vieux âges.

Nous marchons, d'un pas accéléré, à une catastrophe, à la banqueroute, à une guerre acharnée de la masse qui n'a rien, pas même son travail pour vivre, contre le petit nombre de ceux qui possèdent tout, sans produire œuvre utile.

Vainement, on grattera sur les émoluments des petits employés, en respectant toutefois ceux des gros. Vainement on supprimera, avec une stupidité sans égale, des milliers de fonctions indispensables. Vainement on haussera, crime odieux ! le chiffre des rétributions scolaires, afin de tâcher d'équilibrer le budget.

Le gouffre est là, béant, qui nous attend à bref délai.

C'est à l'élite de la bourgeoisie et des prolétaires, aux jeunes gens instruits, bien élevés, doués d'une âme libre et généreuse, ayant le culte du droit et de la justice, à prendre hardiment en mains la cause de la rénovation sociale; à se mettre à la tête du mouvement; à crier sur les toits, et à faire adopter d'urgence les réformes immédiatement nécessaires.

Le salut pour tous est là. Et il n'est que temps de se mettre à la besogne.

Novembre 1887.

LE LENDEMAIN

DE LA RÉVOLUTION

Depuis moins de cinquante ans, l'on a vu éclater, en France, trois révolutions ; sans compter les émeutes passagères, les insurrections sérieuses, le guet-apens de Décembre, etc.

— En 1830, révolution contre une tentative de restauration de monarchie du droit divin, fomentée par les émigrés revenus en France dans les fourgons de l'étranger ; et escamotage, par Louis-Philippe Ier d'Orléans, de la forme républicaine.

— En 1848, révolution contre le refus d'extension du droit électoral ; et proclamation de la seconde République.

— En 1870, révolution d'indignation et de dégoût contre le coupe-jarret du 2 Décembre ; et troisième proclamation de la République.

Eh bien ! à toutes ces révolutions, à tous ces changements de régimes politiques, nous le demandons, qu'est-ce que le peuple des travailleurs a réellement gagné ?

C'est lui, c'est ce peuple vaillant qui, de son généreux sang, a fait toutes ces révolutions ; et, après chacune de ses victoires, une année à peine était écoulée, que les intrigants, élevés au pouvoir par son aide, faisaient du peuple, qui les avait tirés du néant, un carnage digne de Gen-Giskan.

Dix-huit ans durant, sous Louis-Philippe, après 1830, nous avons eu des exterminations périodiques de républicains ; et, particulièrement, l'horrible répression de l'insurrection de Lyon faite à ce cri sinistre : « *Du travail ou du plomb.* »

Trois mois après 1848, à l'instigation des Thiers, des Falloux et autres criminels de même sorte, éclatait la prise d'armes de Juin, noyée dans un fleuve de sang : victoire des traîneurs de sabre d'Afrique, des faiseurs de razzias périodiques, des enfumeurs de femmes et d'enfants, où le triste Cavaignac méritait du peuple parisien ce surnom bien légitimement acquis de

« *boucher de Paris* », et qui fraya la voie et donna l'exemple aux massacres et aux transportations du 2 Décembre 1851.

Enfin, moins d'une année après la révolution de septembre 1870, toujours sous la présidence de l'exécrable Thiers, assisté du vainqueur de Sedan, Mac-Mahon, avaient lieu, aux applaudissements de la classe dite dirigeante, les égorgements et les mitraillades de la semaine sanglante ; holocauste sans précédent, où les défenseurs de la patrie étaient précisément mis en pièces, par ceux-là même qui l'avaient trahie et vendue.

Ainsi, chaque fois que le peuple, à bout de misères et de souffrances, s'est levé, dans son droit de pleine souveraineté, pour jeter bas les scélérats qui, mentant à leurs promesses, lui avaient de nouveau rivé au cou le dur collier d'esclavage, cette révolution a avorté et tourné contre lui.

D'où vient cela ?

De deux choses :
1° De ce que le peuple, sans idées arrêtées,

sans plan déterminé, SANS DISCIPLINE SURTOUT, et mobile comme les flots, s'est laissé détourner du but qu'il poursuivait, c'est à savoir l'amélioration de son sort, par les phraseurs, par les sauteurs, par les blagueurs, par les politiciens pérorant et avocassant, plus riches de belles paroles et de serments, que de savoir et de bonnes intentions.

2° De ce que, lâchant la proie pour l'ombre, et se contentant des mots sonores d'égalité et de liberté, perfidement accommodés à toutes les sauces, le peuple n'a pas su imposer, de par sa souveraineté, au moment de sa victoire, les mesures qui seules pouvaient le tirer de son antique sujétion, et donner un corps réel à la révolution qu'il venait d'accomplir.

Quelles étaient ces mesures qui devaient sortir le peuple de servitude, le rédimer pour jamais de ses misères, et lui permettre de se développer paisiblement dans toute sa force et sa puissance?

C'est ce que nous allons établir en peu de mots.

I

S'il est une vérité reconnue de tout le monde, sans distinction de parti ni d'opinion, c'est assurément la suivante, à savoir :

Que celui qui tient la clef de la caisse est le maître de tous et de toutes choses.

Ainsi, le trafiquant à millions est libre d'acquérir les marchandises qui lui plaisent, au taux qui lui convient, et de les revendre au prix qu'il voudra.

Ainsi, l'industriel opulent peut, du jour au lendemain, jeter ses ouvriers sur le pavé, et les contraindre, s'ils ne veulent mourir de faim, d'accepter des salaires réduits à leur' plus basse expression.

Ainsi l'agioteur, en possession de gros capitaux, peut faire une rafle soudaine sur les matières premières et les denrées alimentaires, et tenir le pied sur la gorge aux producteurs et aux consommateurs, jusqu'à ce qu'ils aient passé sous sa loi.

Enfin le banquier archi-millionnaire peut, d'un seul coup, arrêter les sources vives de la richesse nationale, fermer ses guichets, refuser le prêt et l'escompte, déprécier le cours des valeurs, décréter la paix ou la guerre, semer la panique universelle, imposer sa volonté aux gouvernements, et provoquer l'émeute sanglante dans la rue, au moyen de bandits soudoyés, et de milliers de ventres vides criant la faim.

Car le propre de tous ces gens, c'est de ne s'inquiéter que de ce qu'ils croient être leur intérêt personnel, et de faire foin de l'intérêt commun.

Donc le maître de tous et de toutes choses, dans les sociétés humaines, c'est bien celui qui tient la clef de la caisse.

Le reste n'est qu'un troupeau d'esclaves faméliques, forcés, pour ne pas crever d'inanition, de courber humblement la tête devant les exigences des détenteurs de capitaux, et de subir indéfiniment le joug.

Quel est le remède à ce mal ?

Il n'y en a qu'un; et le voici :

Celui qui, seul, peut faire que le producteur ne soit pas obligé de vendre ses produits à vil prix;

Celui qui, seul, peut empêcher que les travailleurs, pour un motif ou pour un autre, ne soient jetés d'un seul coup sur le pavé, et ignominieusement exploités;

Celui qui, seul, peut couper court aux accaparements de matières premières et de denrées alimentaires, lesquels n'ont d'autres résultats que d'appauvrir et d'affamer la masse de la nation;

Celui qui, seul, peut parer aux crises industrielles et commerciales, et faire des avances *non usuraires* aux producteurs, aux travailleurs, aux associations ouvrières;

Celui qui n'a d'autre intérêt que l'intérêt commun, d'autre idéal de richesse que la prospérité générale;

Celui, enfin, qui, seul, doit tenir la clef de la caisse, et distribuer le crédit, non au profit de quelques riches, mais au profit de tous;

C'est l'État :

Autrement dit la collection de toutes les volontés particulières d'un pays ; la représentation de tous les intérêts généraux de la nation.

L'État, c'est-à-dire *nous tous*, citoyens d'une même patrie ; habitants de la Commune, du Département, de la Province, solidaires les uns avec les autres ;

L'État, la Providence obligée de tous ceux qui travaillent, et qui demandent à travailler.

Donc, première mesure à prendre, au lendemain de la Révolution, premier décret à rendre pour favoriser le travail et l'association des travailleurs, pour prévenir le chômage, pour anéantir l'usure, l'agiotage, l'accaparement, l'écrasement du producteur et du consommateur, pour porter à leur plus haut degré de développement, de prospérité et de puissance, toutes les forces créatrices du pays :

La banque dite « de France » est transformée en banque nationale [1].

---

[1] C'est l'honnête Bonaparte Iᵉʳ qui, pour s'assurer, après son crime de Brumaire, le concours et l'appui des gens d'argent, autorisa une réunion de spéculateurs, d'affameurs, de riz-pain-sel, comme on les appelait alors, à fonder une Société financière au capital d'abord de 30 millions, puis de 45 millions, puis de 90 millions, avec le privilège *exclusif* d'émettre des

— Horreur ! horreur ! abomination de la désolation ! anathème ! anathème! va hurler la secte économiste, très amie des gros banquiers allemands, suisses, anglais, américains, des exploiteurs, des agioteurs, des croupiers de bourse, des loups-cerviers de toutes sortes, qui tirent à eux tout le produit du travail national, sans produire par eux-mêmes la valeur d'une obole, et paralysent l'activité du travailleur. Horreur ! C'est du despotisme ! C'est de la tyrannie ! C'est un attentat à la liberté !

—Tout doux ! braves mâchoires d'ânes, répondrons-nous. En quoi attentons-nous à votre li-

billets à vue et au porteur pour le double de son encaisse métallique ; c'est-à-dire de battre monnaie avec du papier, dans son intérêt particulier.

Cette Société privée, autorisée, par simple décret consulaire, à exercer pendant *quarante* années successives sa petite industrie usuraire, osa prendre le titre fallacieux et mensonger de Banque de France.

Elle eut, en outre, la liberté, faveur monstrueuse, d'élever au-dessus de 6 p. 100, le taux de l'intérêt commercial.

Le 30 juin 1840, le roi Louis-Philippe d'Orléans, afin de se ménager également les bonnes grâces des boursiers, fit proroger ce privilège de la Banque, dite de France, de dix-sept années, jusqu'au 31 décembre 1867 ; toutefois avec cette restriction fort digne d'attention :

« Ce privilège pourra PRENDRE FIN, *ou être modifié*, s'il en est ainsi ordonné *par une loi votée... etc.* »

Enfin l'escarpe qui, dans la nuit du 2 décembre 1851, avait

berté ; à *ce laissez-faire* admirable, votre devise chérie, qui fait écraser le faible par le puissant, le pauvre par le riche, l'honnête homme par le gredin, et voue fatalement l'ouvrière à la prostitution ; à *ce laissez-passer* prestigieux, qui a produit le chaos industriel et commercial dont nous jouissons, et créé l'horrible situation où se débat aujourd'hui la société moderne?

Vos bons amis, Prussiens et autres, ces sangsues du peuple, ces goules insatiables, ces insolents antagonistes des gouvernements démocratiques, nous les laissons parfaitement libres de continuer leur petit commerce malpropre.

fait voler à cette même Banque, dite de France, *vingt-cinq millions* à main armée, pour perpétrer son coup d'État, Napoléon III prorogea de *trente* années, jusqu'au 31 décembre 1895, avec faculté d'élever leur capital de 92,500,000 francs, à *cent quatre-vingt-deux millions*, ce privilège des capitalistes, réunis sous le nom de Banque dite de France.

N'oublions pas de dire que Bonaparte Ier, et son intéressante famille, eurent naturellement, en leur possession, un certain nombre des actions de ladite Banque, émises primitivement à 1,000 francs ; lesquelles actions rapportèrent immédiatement de fort beaux bénéfices.

Notons encore, en passant, que, de l'aveu même des partisans les plus chaleureux de la Banque dite de France, du rétrograde Thiers par exemple, cet établissement n'a pas rendu et ne rend pas au travail et au commerce les services que l'on a le droit d'attendre d'une Société constituée avec des ressources si puissantes et de si énormes privilèges.

Mais auriez-vous la prétention de garder pour vous seuls la liberté de mal faire, et de nous empêcher, nous autres, d'établir librement et honnêtement telles institutions qui nous paraîtront utiles absolument au bien de la nation tout entière ? Cela ne se peut soutenir, maîtres Aliborons.

— Mais, et les actionnaires de la Banque ! va s'exclamer derechef la secte économiste. Vous voulez donc les piller ?

— Du tout, répliquerons-nous. Si l'opération se fait avant l'expiration du privilège de la Banque dite de France, les actionnaires seront remboursés par annuités, capital et intérêts.

— Mais les malheureux employés ?

Les malheureux employés deviendront employés de la Banque Nationale.

Donc, première mesure à prendre, premier décret à rendre :

Transformation de la Banque, dite de France, en Banque Nationale[1].

Passons à la seconde mesure.

---

[1] Voir à la fin le Projet de décret.

II

Tout en prêtant aux producteurs, aux travailleurs, à l'agriculture, à l'industrie, au commerce, de l'argent, à bas prix, sans ces droits abominables de commission, de timbre, de renouvellement, etc., des banques particulières, la banque *Nationale* réalisera certainement encore, dans l'intérêt commun, de beaux bénéfices.

Mais, afin de dégrever les impôts dits de consommation qui, soit directement, soit indirectement, pèsent si lourdement sur la masse de la nation ; qui arrêtent le développement et la prospérité de l'agriculture et du bétail par l'absurde *impôt du sel ;* qui entravent la culture de la vigne, cette richesse sans pareille de la France, et la consommation du vin, *par les octrois et l'inique impôt des boissons ;* qui restreignent la production et la consommation des effets d'habillement, de la viande, de l'huile, de la houille, du sucre, etc., *par les droits barbares et injustes de douane, d'entrée, de sortie*, sur les objets de première nécessité ; il faut absolument que l'Etat se crée, dans l'intérêt général, des ressources nouvelles.

Parmi ces ressources quelle est la première à quoi l'on doive songer ?

C'est évidemment l'Assurance.

Qu'est-ce, en effet, que l'assurance [1] ?

L'assurance est une prime payée par tout individu, dans le but d'obtenir, en cas de perte ou de sinistre, le remboursement intégral des valeurs, soit mobilières, soit immobilières, qu'il a assurées.

Or, la population de la France s'élevant aujourd'hui à près de 40 millions d'habitants, et la valeur des objets à assurer, tant mobiliers

---

[1] Quelle soit *libre* ou *obligatoire*, l'Assurance, par l'Etat, n'est toujours qu'un impôt, comme ceux du *sel*, par exemple, et des *boissons*, qu'elle remplacerait avantageusement.

Quant au mode de perception, rien de plus aisé :

« L'Assurance serait constatée *sans frais*, par une mention « spéciale sur le registre du percepteur ; la prime serait payée « *en même temps que l'impôt*, et de la même manière. Elle « serait ajoutée au principal de la contribution, comme les cen- « times additionnels.

« Plus de frais de plaques et de polices. Plus de frais de voyageurs et de courtiers. » (*François Vidal.*)

qu'immobiliers, étant estimée à 300 milliards environ, l'on voit tout de suite quel chiffre énorme de primes et de revenus produirait l'établissement de l'Assurance.

Quel sera maintenant le quantum de la prime?

Il est manifeste, tout d'abord, dans une institution qui se proposerait pour fin, autant l'intérêt de l'assuré que celui de l'assureur, il est manifeste, disons-nous, que plus il y aura d'assurés, plus le taux des primes de l'assurance pourra être abaissé; plus, ensuite, les personnes assurées auront de chance d'être remboursées promptement et intégralement de pertes qu'elles auront subies; et plus, encore, l'assurance pourra s'étendre à un nombre plus considérable de pertes et sinistres de toute nature.

En dehors des sinistres de mer et des accidents de personnes, qui doivent faire l'objet d'institutions particulières, quels sont les cas de dommages généraux que peuvent éprouver les citadins, les agriculteurs, les propriétaires français, et, par contre coup, l'ensemble des citoyens?

Ce sont :

1° Les cas d'incendie ;

2° La gelée ;

3° La grêle ;

4° Les épizooties ;

5° Les inondations ;

6° Le phylloxera ;

7° Les ouragans, les éboulements, les tremblements de terre.

Voilà les fléaux généraux qui frappent non seulement ceux qui en sont directement atteints, mais encore, nous le répétons, le pays tout entier.

Car les incendies, les inondations, les tempêtes, les tremblements de terre, anéantissent une partie de la richesse nationale ;

Car les gelées, la grêle, les épizooties, le phylloxera détruisent ce qui touche aux subsistances mêmes, à l'alimentation de tous, et font surenchérir la petite quantité de denrées qui restent.

Dans le système actuel d'assurances, les premières victimes de ces désastres, les cultivateurs, les propriétaires, sont-ils dédommagés au moins des pertes qu'ils ont éprouvées ?

Hélas ! non.

Les uns ne se sont pas assurés, parce que le

taux d'assurance était trop élevé pour leurs bourses ; et, alors, tout est perdu pour eux.

Quant aux autres, la lenteur des enquêtes, les chicanes des assureurs, les procès, les frais de justice, leur rognent, presque toujours, une large part des dédommagements auxquels ils ont légitimement droit.

Dans la majeure partie des cas, d'ailleurs, c'est l'Etat qui est obligé, *à titre gratuit*, c'est-à-dire avec la bourse de tous, de venir au secours des inondés, des incendiés, des cultivateurs dont les épizooties ont décimé les troupeaux, de ceux dont les biens ont été ravagés par la grêle, par la gelée, par le phylloxera, ou anéantis par les cyclones et les tremblements de terre. Et, pendant ce temps, les assureurs empochent toujours le produit de leurs primes.

Pour remédier à ces maux qu'y a-t-il donc à faire ?

Nous l'avons dit tout à l'heure.

Que l'Etat établisse l'*Assurance générale obligatoire*.

Et, en effet, l'Etat se faisant assureur contre tous les risques énumérés plus haut, le voilà forcé, dans l'intérêt général, pour diminuer, par exemple, l'extension et l'intensité des incendies, d'établir un corps de pompiers dans chaque commune de France.

Pour arrêter le développement des épizooties, le voilà contraint de fonder, dans chaque canton, un corps de vétérinaires.

Pour prévenir la grêle, les inondations, les éboulements, le voilà obligé de regazonner les pentes des montagnes et de reboiser les sommets, de creuser des bassins de retenue, si nécessaires en temps de sécheresse, et des canaux de dérivation.

Pour diminuer la force et la fréquence des gelées, le voilà tenu de mettre en culture les milliers d'hectares de landes, de terrains stériles, de marais empestés qui portent, chaque année, la mort et la désolation parmi les populations limitrophes.

Et, enfin, pour que tous puissent s'assurer, il lui faut abaisser au taux le plus bas possible, à *cinquante centimes* par exemple pour *mille francs* de valeurs déclarées, le chiffre de la prime d'assurance.

La fortune, tant mobilière qu'immobilière de la France, comme nous l'avons déjà remarqué, est évaluée à plus de trois cents milliards. Il s'ensuit que, malgré les pertes forcées, mais de plus en plus restreintes, que l'Etat aurait à subir par suite des désastres, il réaliserait encore un bénéfice annuel de plus de *cent millions*, lequel permettrait de dégrever, de plus en plus, les impôts que nous payons tous, d'entreprendre les grands travaux d'utilité nationale, d'accroître le budget de l'instruction publique et de l'agriculture, et de fonder la prospérité et l'aisance communes.

Joignez à cela l'absence des procès que l'on est si souvent dans la nécessité de soutenir contre les administrations particulières d'assurances; la nullité des frais de justice; car le montant des indemnités serait fixé par des experts nommés *ad hoc* par l'Etat [1]; et voyez quelle source immense de bénéfices et de richesses pour tout le pays.

— Mais, s'exclamera aussitôt la secte économiste :

Et les Compagnies d'assurances particulières, qu'en ferez-vous ? Vous leur ôtez le pain de la bouche. Vous décrétez leur ruine. C'est un vol;

---

[1] En cas de contestation, le litige serait soumis à un *jury spécial*, nommé par le tribunal civil.

c'est une abomination ; c'est une monstruosité ;
c'est une infamie, etc., etc.

— Un instant, messieurs, répondrons-nous.
En vertu de votre axiome favori du *laissez-faire,*
du *laissez-passer,* de *la liberté absolue du commerce,* sans contre-poids, sans garantie, les Compagnies particulières seront absolument libres
d'exercer leur industrie comme devant. Cela ne
vous suffit-il pas ?

D'ailleurs que doit-on à vos protégés ?

Les premiers actionnaires des Compagnies
particulières d'assurances ont à peine versé un
quart de leurs actions, primitivement émises à
500 francs ; et ces actions, aujourd'hui, valent
chacune *dix, quinze* et *vingt mille francs* [1]. De quoi
vous plaignez-vous ? puisque vous avez déjà réalisé d'énormes bénéfices, et que l'on vous laisse
libres de continuer votre petit commerce.

— Mais, dira-t-on encore, et les employés de
ces Compagnies, que deviendront-ils ?

— Tous les employés intelligents et honnêtes,
qui voudront passer au service de l'Etat, seront
admis sur-le-champ. Que voulez-vous de plus ?

---

[1] Au 25 novembre 1887, une action des *Assurances générales*
(incendie) était cotée 25,500 fr. ; une action de la *Nationale* (incendie), 18,000 fr. ; une action de l'*Union* (incendie), 11,000 fr., etc.

— Mais, mais...

Oui, vous voulez continuer à plumer un petit nombre d'assurés, au détriment de la masse du pays. Vous aurez le champ entièrement libre avec les Jobards, amis du *laissez-faire*, qui ne pourront se résoudre à ne pas vous porter leur numéraire.

Donc, seconde mesure à prendre, au lendemain de la Révolution, second décret à rendre pour diminuer les cas de perte générale, pour accroître la richesse du pays et fonder le bien-être de tous :

L'Assurance contre les cas d'Incendie, d'Inondation, de Grêle, de Gelée, d'Epizootie, de Phylloxera, d'Ouragans, de Tremblements de terre, est établie, au compte de l'État, moyennant une prime de 0 fr. 50 par 1,000 francs de valeur déclarée.

Passons maintenant à la troisième mesure.

III

Au bon vieux temps, au temps de nos bons
rois et des seigneurs féodaux, ces temps si pros-
pères que voudraient nous ramener les financiers
véreux et les charcutiers enrichis, toutes les
routes, grandes et petites, les ponts, les fleuves,
les rivières, les ruisseaux, traversant les terres
du châtelain, ou se trouvant à peu de distance
de leurs castels, étaient grevés de droits de pas-
sage énormes, qu'il fallait acquitter sur l'heure,
sous peine de voir confisqués marchandises, che-
vaux, bétail, voitures, et d'être jeté soi-même au
fond d'une oubliette.

La grande révolution de 1789 abolit tous ces
droits abominables des rois et des seigneurs,
éleva des ponts, construisit de larges routes na-

tionales, accessibles à tout un chacun, et libres de toutes redevances.

Quand la science eut découvert l'application de la vapeur, et créé les premiers chemins de fer, il eût semblé naturel que, de même que l'État perçait, traçait, entretenait les routes de terre, dans l'intérêt commun, pour mettre tous les citoyens de la patrie en communication directe les uns avec les autres, et faciliter les échanges de produits ; de même il devait se charger d'établir, aux meilleures conditions possibles, un vaste réseau de chemins de fer dont il eut conservé, toujours dans l'intérêt général, la direction et l'exploitation.

Mais point.

Le roi Louis-Philippe d'Orléans pensait avoir besoin, pour fonder sa dynastie (et il y a merveilleusement réussi, comme vous savez), du concours des gens de finance. Il rétablit indirectement, en leur faveur, les privilèges des seigneurs féodaux sur les routes, ponts, canaux, etc.

L'argent de la nation construisit les voies ferrées ; l'État garantit un minimum d'intérêt ; et les hobereaux de la finance, réunis en Compagnies multiples et rivales, exploitèrent d'une main dure et rapace, uniquement préoccupés de leur gain quotidien, ces nouvelles routes nationales.

Qu'en est-il résulté ?

Tout d'abord, premièrement, au lieu d'être confortablement et proprement voiturés, moyennant leur argent, comme des créatures à deux pieds et des hommes libres, la masse des citoyens a été transportée à l'égal d'un troupeau de cochons (sauf votre respect).

Nous avons vu, de nos yeux vu, pendant des années, des *tombereaux découverts*, complètement exposés au soleil, au vent, à la gelée, à la pluie, à toutes les intempéries des saisons, véhiculer sur les chemins de fer français, des milliers de voyageurs français, hommes, femmes et petits enfants.

L'indignation publique, au bout d'un certain temps, a forcé les criminels qui se jouaient ainsi, par cupidité, de la vie de leurs concitoyens, à couvrir leurs tombereaux.

Mais, jusque-là, que de victimes ! que de deuils dans les familles !

Et, encore, aujourd'hui, quoi de plus révoltant que les wagons dits de troisième classe, seuls accessibles aux petites bourses, torrides l'été, glacials l'hiver ; avec leurs bancs de bois dégoûtants ; et sans un filet, sans un clou, pour poser un paquet, ou pour accrocher un chapeau !

L'État, au moins, avait eu la pudeur, dans ses premières exploitations, de ne pas traiter les voyageurs comme des bêtes de somme. Mais les hobereaux de la finance, admirablement secondés en cette affaire par les Ingénieurs des ponts et chaussées engagés à leur service, qu'est-ce que cela leur fait, je vous le demande, la commodité des voyageurs de troisième, leur santé, les bonnes mœurs, la célérité de leurs transactions, la facilité de leur travail, pourvu qu'ils empochent, qu'ils empochent, qu'ils empochent l'argent des travailleurs.

Deuxième résultat de l'exploitation des chemins de fer nationaux par les Compagnies.

Au lieu d'abaisser, aussi bas que possible, les prix de transport des voies ferrées, tant pour les voyageurs que pour les marchandises, afin d'accroître les relations des habitants des provinces et des départements entre eux ; et de favoriser, dans la plus large mesure, l'échange et la vente des produits divers de tous les points de la mère patrie, qu'ont fait nos nouveaux seigneurs féodaux ?

Ne vivant que pour le présent ; voulant jouir immédiatement, à force d'argent, sans s'inquiéter du reste, ils ont tenu leurs tarifs de transports à un chiffre toujours élevé, entravant ainsi les rapports des citoyens de la France les uns avec les autres, arrêtant l'écoulement des produits, diminuant les échanges de denrées, l'aisance et la prospérité générales ; sans compter la concurrence désastreuse, pour nos exportations et pour notre commerce, qu'ils nous laissent faire par les chemins de fer des autres nations, moins inintelligentes qu'eux à cet égard.

Eh bien ! il est temps que cela finisse.

Il est temps que la fortune publique, que la facilité des relations de familles et d'affaires, le bien-être de tous, la sécurité même de la patrie, ne soient pas à la discrétion d'une tourbe de loups-cerviers, dont bon nombre sont d'origine étrangère.

Il est temps que la France, dans l'intérêt de l'intégrité de son territoire, aussi bien que dans l'intérêt de la fortune et de l'aisance communes, rentre en possession de ses chemins de fer nationaux.

Et c'est pourquoi nous posons comme troisième mesure de salut public à prendre, comme troisième décret à rendre au lendemain de la Révolution, la reprise de l'exploitation *directe* des chemins de fer par l'Etat.

— Mais, clamera toujours la secte économiste, c'est une expropriation hideuse. C'est une spoliation patente. C'est... c'est... c'est... Que deviendront les actionnaires et leurs actions ?

— Un instant, mes bons messieurs, répondrons-nous.

Les actionnaires et obligataires des chemins de fer garderont, tant qu'il leur plaira, leurs actions et obligations. Mais, au fur et à mesure des ventes volontaires, l'Etat les fera rentrer tout doucement, à beaux deniers comptant, dans le domaine public.

En attendant, ce sera l'Etat qui, désormais, sera le maître des chemins de fer de la nation. C'est lui qui exploitera. C'est lui qui administrera. C'est lui qui tracera les voies, qui construira les gares et leurs annexes, qui modifiera son matériel, afin que des citoyens français ne soient plus assimilés à du bétail. C'est lui qui fixera les tarifs dans l'intérêt de tous; et non dans celui de quelques gros croupiers de bourse, n'ayant d'autre patrie que leur coffre-fort.

— Et les employés des compagnies, diront encore, avec des larmes de crocodile, les économistes, dont on connaît la sensibilité si touchante pour les malheureux et pour les ouvriers, que deviendront-ils?

Les employés des compagnies deviendront des employés de l'Etat, au même titre que les autres. Et ils n'en seront pas plus à plaindre, vous le savez mieux que personne, ô exploiteurs sans cœur et sans vergogne.

Donc nous le répétons, troisième mesure à prendre, troisième décret à rendre, au lendemain de la Révolution.

Tous les chemins de fer français sont exploités directement par l'Etat, et les actions et obligations seront rachetées par lui, au fur et à mesure de leur cession publique.

Voilà, ô artisans de tous métiers, travailleurs de toutes catégories, des villes et des campagnes, petits bourgeois, petits rentiers, petits commerçants, voilà les décrets qu'il vous faut imposer, les décrets qu'il vous faut instantanément faire mettre en pratique, au lendemain du jour où vous serez victorieux, si vous voulez sortir, vous, vos femmes et vos enfants, de l'esclavage du maître et de la servitude de la misère; si vous voulez de jour en jour améliorer votre condition; si vous voulez vous élever de plus en plus vous et votre famille sur les degrés de l'échelle sociale, et constituer une quatrième et dernière aristocratie; la vraie, la seule légitime, la seule durable; l'aristocratie de l'honnêteté et du travail.

A cela, toutefois, il ne serait pas inopportun d'ajouter quelques autres petites mesures d'aussi bon aloi; comme, par exemple :

Abolition de l'impôt du sel, et de l'impôt des boissons. Suppression des droits de douane sur le bétail et le charbon de terre étrangers;

Décentralisation administrative, et autonomie de chaque Commune, en ce qui touche son intérêt particulier;

Organisation générale du travail *(colonies agricoles, armées industrielles, usines aux ouvriers associés, etc.)*, et de l'assistance publique [1] *(pensions, secours à domicile)*, par l'Etat, par

---

[1] Voyez notre brochure sur *l'Assistance* sous la Convention.

les Provinces, les Départements, les Communes ;

Revision de la loi sur les mines, et participation obligée des travailleurs aux bénéfices [1] ;

Séparation de l'Église et de l'État ; et reprise des biens de main-morte ;

Election de la magistrature, et suppression de l'inamovibilité ;

Instruction obligatoire *et gratuite à tous les degrés*, — littéraire, scientifique, *professionnelle*, — avec délivrance des diplômes et brevets aux élèves seuls des établissements patronnés par l'Etat ;

Service militaire obligatoire pour tous, sans aucune exception, laïques et calotins ;

Impôt progressif ;

Encouragements aux associations ouvrières d'hommes et de femmes ; avances de fonds ; ré-

[1] C'est encore le premier Bonaparte qui, en 1810, *de sa propre autorité*, concéda à des Sociétés de capitalistes, la propriété A PERPÉTUITÉ du sous-sol de la France ; sans s'inquiéter plus des intérêts du pays, ainsi lésé dans sa fortune et dans son droit inaliénable, que de ceux des mineurs risquant chaque seconde leur vie, au fond des entrailles de la terre, avec un maigre salaire, pour rapporter de beaux dividendes aux actionnaires oisifs, paradant au bois ou aux premières loges de théâtre.

serve, surtout pour les ateliers de femmes, des commandes des administrations publiques;

Enfin, bon coup de balai dans l'antre de la chicane, etc., etc.

Et je vous garantis du reste.

FIN

APPENDICE

PROJET DE DÉCRET

BANQUE NATIONALE DE FRANCE [1]

CONSTITUTION DE LA BANQUE

SECTION I. — FONDATION DE LA BANQUE

Article premier.

Le privilège concédé à la Banque de France prendra fin le 31 décembre 18.., conformément au paragraphe 2 de l'article 1er de la loi du 18..

Article 2.

A dater du 1er janvier 18.., la Banque de France sera remplacée par une institution nouvelle et nationale, qui prendra la suite de ses opérations, et qui conservera le nom de BANQUE DE FRANCE.

[1] Ce projet de décret, emprunté au livre intitulé *Organisation du Crédit*, est de M. François Vidal, ancien membre de la Commission du travail, au Luxembourg, en 1848 ; ancien représentant du peuple à Paris ; l'auteur de *Vivre en travaillant*, et l'un des hommes les plus honnêtes, les plus désintéressés et les plus dévoués aux intérêts des travailleurs que nous ayons connu.

La nouvelle Banque sera *complètement indépendante* du Pouvoir Exécutif, et ne relèvera que de l'Assemblée nationale. Elle pourra établir des succursales dans les principaux centres de commerce et d'industrie. Le nombre des succursales n'est point limité.

SECTION II. — CAPITAL DE LA BANQUE

Article 3.

Le capital de la Banque est fixé à un *milliard* de francs, représenté par 50 millions de rentes.

Il est destiné à garantir, jusqu'à due concurrence, les créanciers de la Banque, et les porteurs de billets, contre toutes les éventualités de pertes.

Ce capital de garantie sera fourni par l'Etat, en titres de rentes 3 p. 100, au pair.

A cet effet, le ministre des finances est autorisé, par la présente loi, à inscrire au grand livre de la dette publique, 50 millions de rentes 3 p. 100, pour doter la Banque centrale de circulation.

Article 4.

Ces titres ne pourront être aliénés, ne porteront point intérêt, et devront rester dans le portefeuille de la Banque, tant que les porteurs de billets ne seront pas fondés à exercer leur recours contre le capital de garantie.

Les porteurs de billets ou créanciers ne pourront exercer de recours contre le capital de garantie, que dans le cas où la Banque viendrait à manquer à ses engagements, et où l'insuffisance de l'actif disponible serait constaté.

Dans ce cas, en vertu d'une décision du Conseil d'Etat, les titres de rente, composant le capital de garantie, pourraient être aliénés jusqu'à concurrence du déficit, mais seulement après l'épuisement de l'actif disponible, pour indemniser les ayants droit, créanciers ou porteurs de billets : et alors ces titres porteraient intérêt, à dater de l'aliénation, au profit des concessionnaires.

Article 5.

Aussitôt que le capital de garantie aura été entamé par l'aliénation d'une partie des titres, l'Etat devra, dans un délai de trois mois, fournir à la Banque de nouveaux titres de rentes, destinés à remplacer ceux qui auront été aliénés, et à reconstituer le capital de garantie d'un *milliard.*

SECTION III. — OPÉRATIONS DE LA BANQUE

Article 6.

La Banque ne pourra, dans aucun cas ni sous aucun prétexte, entreprendre d'autres opérations que celles qui lui sont permises par les présents statuts.

Article 7.

Ces opérations consisteront :

1° A escompter directement des Banques immobilières, mais jusqu'à concurrence seulement d'une somme de 100 millions de francs, les obligations émises par ces banques ; pourvu que ces obligations représentent des prêts faits par contrats aux particuliers, et garantis par hypothèque.

Cette somme de 100 millions pourra être portée plus tard à un chiffre plus élevé ; mais seulement en vertu d'une loi.

Il est dérogé en faveur des banques immobilières, et en raison de la sécurité complète et de la facilité de négociation que présentent les titres émis par ces établissements, aux conditions ordinairement imposées aux banques de circulation pour l'escompte des valeurs ; notamment aux conditions d'échéance déterminée, et de remboursement exigible à bref délai.

La Banque aura la faculté de garder ces obligations dans son portefeuille, jusqu'à l'époque du remboursement, ou de les négocier, pourvu que ce ne soit pas au-dessous du pair.

2° A escompter les lettres de change et effets de commerce revêtus de trois signatures et timbrés, payables soit en France, soit à l'étranger, et dont l'échéance n'excédera pas *cent vingt jours*.

La Banque escomptera principalement les effets endossés et garantis par les Comptoirs nationaux.

3° A escompter les effets revêtus de deux signatures seulement, quand il lui sera donné en garantie, pour remplacer la troisième signature, des titres de rentes sur l'Etat, des obligations des banques immobilières, des récépissés des magasins publics, des actions industrielles, ou autres valeurs acceptées par elle, comme pouvant offrir une parfaite sécurité ou une couverture suffisante.

4° A se changer, pour le compte des particuliers, des administrations locales, et des établissements publics, de l'encaissement des effets qui lui seront remis.

5° A fournir des mandats à ordre sur elle-même, sur ses succursales, sur ses correspondants, ou sur les banques étrangères ; mais seulement après avoir reçu couverture préalable ou provision.

Ces mandats pourront être à vue ou à plusieurs jours de vue, selon l'importance des sommes à payer.

6° A recevoir en compte courant, sans intérêts, les sommes qui lui seront versées, et à payer tous mandats et assignations sur elle, jusqu'à concurrence des sommes reçues en crédit de ceux qui auront fourni ces mandats ou ces assignations.

7° A tenir une caisse de dépôts volontaires pour les titres, monnaies, lingots, matières d'or et d'argent de toute espèce.

8° A faire des avances sur dépôt de lingots et de matières d'or et d'argent, et sur dépôt de fonds publics français.

9° A émettre des billets de circulation remboursables en espèces, *à un mois de vue.*

Article 8.

La Banque n'escomptera point les effets dits de pure circulation, créés collusoirement entre les signataires, sans cause ni valeur réelle.

Article 9.

En cas de non-payement, à échéance, des effets garantis par dépôt de titres ou de valeurs; ou en cas de non-remboursement, à l'époque convenue, des avances faites sur lingots, sur matières d'or ou d'argent, ou sur titres de rentes, la Banque pourra, après la dénonciation de l'acte de protêt, dans le premier cas, et après un simple commandement de mise en demeure, dans le second, faire procéder immédiatement par le ministère d'un agent de change ou d'un officier public compétent, à la vente des fonds publics, actions industrielles et valeurs donnés en garanties, ou des matières déposées, sans que, jusqu'à l'entier remboursement en principal, intérêts et frais des sommes prêtées ou avancées, cette vente puisse suspendre les autres poursuites.

Article 10.

Pour obtenir compte courant à la Banque, il suffit d'adresser une demande par écrit au Directeur, et de se faire recommander par deux membres du Conseil de surveillance, ou du Conseil d'escompte, ou par deux personnes ayant déjà des comptes courants.

Néanmoins, la demande pourra toujours être repoussée par le Directeur.

Il ne sera admis aucune opposition sur les sommes versées en compte courant.

Article 11.

La Banque fournira des récépissés nominatifs, et transmissibles par endossement, pour tous les dépôts volontaires qui lui seront confiés. Le récépissé exprimera la nature et la valeur des objets déposés, le nom et la demeure du déposant, la date du jour où le dépôt aura été fait et de celui où il devra être retiré, enfin le numéro du registre d'inscription.

Pour les dépôts sur lesquels il n'aura point été fait d'avances, la Banque pourra percevoir un droit de garde proportionnel à la valeur estimative des objets déposés. La quotité de ce droit sera fixée par un règlement intérieur. Le même règlement déterminera le mode à suivre pour apprécier la valeur des dépôts : il fixera également le terme dans lequel les dépôts pourront ou devront être retirés.

Article 12.

Il est formellement interdit à la Banque de faire à l'État, ou au trésor public, des avances à découvert.

La Banque ne pourra prêter a l'État, sans exiger les mêmes garanties qu'elle demanderait aux particuliers.

Ne seront pas considérées comme garanties suffisantes, de la part de l'État, le dépôt des bons du trésor, la cession de nouveaux titres de rentes, ni les assignations sur le produit d'impôts non encore recouvrés ; à moins que ces assignations ne soient souscrites et endossées par des receveurs d'une solvabilité reconnue, qui deviendraient responsables, sur leur fortune personnelle, des fonds avancés.

Les immeubles ruraux appartenant à l'État, en tant qu'ils seraient facilement aliénables et réalisables, pourraient être acceptés comme garantie.

Mais jamais la Banque ne pourra être en avance, envers l'Etat, de plus d'une somme de 100 millions[1]; que les garanties soient fournies en immeubles, ou en engagements des receveurs généraux et des receveurs particuliers.

Dans aucun cas, aucune avance ne pourra être consentie par la Banque, en faveur de l'Etat, sans l'approbation formelle et préalablement motivée de la majorité *absolue* des membres du Conseil de surveillance, convoqués spécialement par écrit à cet effet ; *et sans une loi spéciale préalablement rendue par l'Assemblée Nationale,* et votée après trois délibérations.

SECTION IV. — DU TAUX DE L'ESCOMPTE

Article 13.

Le *maximum* du taux de l'escompte ou de l'intérêt à percevoir par la Banque, pour prêts et avances, est fixé par les présents statuts, à 3 p. 100 par an. L'intérêt se compte par jours.

Aucune limite n'est fixée à l'abaissement de l'inté-

---

[1] On pourrait excepter les cas d'envahissement du territoire. (*Note de l'Editeur.*)

rêt, qui devra graviter progressivement vers le taux suffisant, pour couvrir les pertes et tous les frais généraux de la Banque.

Le maximum de la commission à percevoir pour les mandats fournis par la Banque sur les succursales, ou par les succursales sur la Banque de Paris, est fixé à 1/2 p. 100 pour les sommes inférieures à 200 francs ; à 1/4 p. 100 pour les sommes de 200 à 500 francs ; à 1/5 p. 100 pour les sommes de 500 à 1,000 francs ; et à 1 p. 1,000 pour toutes les sommes plus considérables.

Des règlements intérieurs fixeront le prix de la commission pour les mandats sur l'étranger.

Article 14.

Tous les trois mois, le taux de l'escompte sera fixé par les directeurs et les sous-directeurs, qui devront prendre, sans être tenus de s'y conformer, l'avis du conseil de surveillance.

Les directeur et sous-directeurs pourront abaisser le taux de l'escompte, et les tarifs des commissions, au-dessous du minimum fixé ci-dessus.

L'Assemblée Nationale pourra toujours par un décret, abaisser le taux de l'escompte fixé par les Directeurs.

SECTION V. — DES BÉNÉFICES DE LA BANQUE

Article 15.

Les bénéfices nets réalisés de la Banque, constatés

par les inventaires semestriels, sont versés en entier, tous les six mois, au trésor public, et portés au budjet des recettes.

Ces bénéfices pourront être appliqués, en totalité ou en partie, *mais seulement en vertu d'une loi*, à doter les comptoirs nationaux d'escompte et autres établissements de crédit ; notamment des institutions de crédit personnel et moral.

SECTION VI. — DES BILLETS DE CIRCULATION

Article 16.

La Banque aura seule le privilège d'émettre des billets de circulation.

L'émission des billets est provisoirement limitée à une somme égale au capital de garantie, soit à un milliard de francs.

L'émission pourra être portée à un chiffre plus élevé, si les besoins de la circulation l'exigent, *mais seulement en vertu d'une loi* rendue par l'Assemblée Nationale, après trois délibérations.

Article 17.

Les billets de la Banque seront de 1,000 francs, de 500 francs, de 100 francs, de 50 et de 20 francs.

La proportion est ainsi provisoirement fixée entre les différentes coupures ; mais pourra être modifiée par une loi :

Billets de   1,000 fr. pour 200 millions
Billets de   500 fr. pour 200   —
Billets de   100 fr. pour 500   —
Billets de 50 et 20 fr. pour 100 [1]   —

Article 18.

Ces billets ne sont point remboursables à présentation ; mais la Banque Centrale ne pourra refuser de les rembourser en espèces, *à trente jours de vue.*

Néanmoins la Banque et ses succursales seront toujours tenues de fournir, à bureau ouvert, des espèces métalliques contre billets, jusqu'à concurrence des besoins justifiés, *à tous chefs et entrepreneurs d'industrie qui auraient à payer des salaires.*

Article 19.

Ces billets auront cours comme monnaie légale en France, tant que la Banque Centrale n'aura pas suspendu ses payements en espèces.

La Banque pourra, quand elle aura des espèces disponibles, donner des écus contre billets, à bureau ouvert.

Elle ne pourra, à moins d'impossibilité absolue, refuser d'échanger des billets de 1,000 francs, ou de 500 francs, contre de plus faibles coupures.

---

[1] Nous ajoutons à cet article de M. François Vidal, le billet de 50 francs qui est véritablement d'une grande utilité, plus, selon nous, que le billet de 20 francs. (*Note de l'Editeur.*)

Elle ne pourra, à moins d'impossibilité, refuser de donner, sans frais, des billets contre espèces.

Elle ne pourra contraindre, à moins de nécessité absolue, quiconque aura des fonds à recevoir d'elle, à accepter plus de cent francs en écus.

SECTION VII. — GARANTIE POUR L'ÉMISSION DES BILLETS

Article 20.

L'administration de la Banque prendra contre la falsification, l'altération et la contrefaçon des billets, toutes les garanties que peuvent offrir l'art et la science.

Tous les billets seront extraits de registres à souche. Ils porteront un numéro d'ordre, et un numéro de série, qui seront reproduits sur le talon.

Ils seront de grandeurs différentes pour chaque coupure. Ils seront tous signés du commissaire du gouvernement, du secrétaire, du contrôleur et du caissier de la Banque.

Les registres à souche des billets non émis, les planches et matrices qui auront servi à confectionner tous les billets, seront enfermés dans une armoire de fer à triple serrure, dont les clefs seront confiées l'une au président du conseil de surveillance, l'autre à l'un des censeurs, et la troisième au commissaire du gouvernement.

Le conseil de surveillance, en Assemblée générale, délivrera aux directeurs de la Banque, la quantité de billets nécessaires à la circulation et aux besoins du service, et il sera dressé procès-verbal de cette délivrance.

Article 21.

A tout moment donné, les directeurs et le caissier seront tenus de représenter au Président du conseil de surveillance, aux censeurs et au commissaire du gouvernement, tous les billets qui leur auront été délivrés, ou de justifier de l'emploi qui en aura été fait.

Le montant de tous les billets en circulation devra toujours être représenté par des valeurs au moins équivalentes, soit dans le portefeuille, soit dans les caisses de la Banque.

Tous les mois, cette justification sera faite, à la diligence des censeurs, en présence du conseil de surveillance assemblé. Procès-verbal sera dressé séance tenante, et extrait de ce procès-verbal, signé par le président du conseil, par l'un des censeurs, et par le commissaire, sera publié dans le *Moniteur officiel*.

Article 22.

Tous les huit jours, un état sommaire de la situation de la Banque sera inséré au *Moniteur officiel*, et sera certifié par le directeur, par l'un des censeurs et par le commissaire.

Article 23.

Les opérations, les livres et les caisses de la

Banque et de ses succursales seront soumis au contrôle permanent des Inspecteurs des finances.

La comptabilité générale de la Banque centrale sera visée tous les ans par la cour des comptes.

ADMINISTRATION DE LA BANQUE

Article 24.

La Banque est administrée par un Directeur, par deux Sous-Directeurs, et par un Conseil de surveillance.

SECTION I. — DES DIRECTEUR ET SOUS-DIRECTEURS

Article 25.

Le Directeur et les Sous-Directeurs de la Banque sont nommés par l'Assemblée nationale, en séance publique, par bulletin individuel, à la majorité absolue des suffrages, sur la présentation d'un nombre triple de candidats désignés par le conseil de surveillance.

Néanmoins, si aucun des candidats présentés ne paraît à l'Assemblée digne ou capable de remplir les fonctions de directeur, une seconde liste de candidats nouveaux sera demandée au conseil de surveillance ; et si, sur cette seconde liste, l'Assemblée refuse de faire un choix, elle pourra charger une commission spéciale, prise dans son sein, de lui présenter une liste de six noms, parmi lesquels elle choisira le Directeur et les Sous-Directeurs.

Nul ne pourra être nommé Directeur ou Sous-Directeur, s'il n'a réuni un nombre de suffrages égal à la moitié plus un du nombre total des Représentants du peuple.

Le Directeur et les Sous-Directeurs sont nommés pour trois ans, et sont toujours rééligibles.

L'Assemblée devra nommer chaque année l'un de ces trois fonctionnaires.

Pour la première période de trois ans, le sort désignera celui des Sous-Directeurs qui devra être réélu ou remplacé à la fin de la première année ; le Directeur sera réélu ou remplacé à la fin de la troisième année.

Après cette première période de trois ans, le Directeur et les Sous-Directeurs seront réélus ou remplacés, à l'expiration de leurs pouvoirs, dans l'ordre de leur nomination.

Article 26.

Les Directeur et Sous-Directeurs peuvent toujours être révoqués par l'Assemblée ; mais la révocation ne pourra être prononcée qu'après enquête dirigée par une Commission spéciale et rapport, et par décision prise au scrutin public, à la majorité absolue des membres présents.

Pendant l'enquête, les Directeur et Sous-Directeurs pourront être suspendus et remplacés provisoirement par des membres du conseil de surveillance, que l'Assemblée Nationale désignera.

Article 27.

Le Directeur dirige toutes les opérations de la Banque et le travail des bureaux. Il est assisté par les Sous-Directeurs, auxquels il délègue des fonctions spéciales.

Il signe, au nom de la Banque, tous traités et conventions ; mais avec approbation préalable du Conseil de surveillance, pour tous les actes autres que ceux d'administration pure et simple.

Aucune opération ne peut se faire sans son consentement.

Toutes les poursuites judiciaires sont exercées en son nom.

Il fait exécuter les lois, statuts et règlements de la Banque, les délibérations du Conseil de surveillance.

Il signe la correspondance, les traites et mandats, les acquits d'effets et endossements de papier. Néanmoins, il pourra se faire suppléer à cet égard, soit par l'un des Sous-Directeurs, soit par toute autre personne qu'il désignera.

En cas d'absence, ou d'empêchement du Directeur, il pourra être suppléé par l'un des Sous-Directeurs désigné par lui.

Le Directeur nomme tous les employés et agents de la Banque, et fixe les appointements de chacun, dans les limites du budget voté par le Conseil de surveillance [1].

Le caissier et le contrôleur devront être agréés par le Conseil de surveillance.

Article 28.

Le Directeur et les Sous-Directeurs président aux travaux du comité.

Les Directeur et Sous-Directeurs, ou tout au moins deux d'entre eux sur les trois, assisteront à toutes les réunions du conseil de surveillance, proposeront toute mesure qu'ils jugeront convenable, provoqueront les avis du conseil, prendront part active à toutes les discussions et délibérations, — mais sans avoir droit de vote, — fourniront toutes les explications qui leur seront demandées.

Les appointements des Directeur et Sous-Directeurs seront fixés par l'Assemblée Nationale.

Il est interdit au Directeur et aux Sous-Directeurs d'entreprendre pour leur compte aucune opération de commerce ; de présenter à l'escompte aucun effet revêtu de leur signature.

SECTION II. — DU CONSEIL DE SURVEILLANCE

Article 29.

Le conseil de surveillance sera composé *de vingt-quatre membres:*

[1] C'est trop de pouvoir donné à un seul homme. Il faut nommer une Commission de *neuf* membres, présidée par le

Sept seront nommés pour un an par l'Assemblée Nationale, *et pris dans son sein ;*

Un sera nommé pour un an par le Conseil d'État, *et pris dans son sein ;*

Un sera nommé pour un an par la cour des Comptes, *et pris dans son sein ;*

Les *quinze* autres membres seront nommés pour trois ans, et renouvelables par tiers chaque année. *Ils pourront être pris en dehors des corps qui les élisent.* Pour les deux premières années, les membres sortants seront désignés par le sort ; ensuite, par l'ancienneté.

Ces quinze membres seront élus, savoir : *Six* parmi les membres des conseils généraux de l'agriculture, des manufactures et du commerce ;

Trois par le Conseil général du département de la Seine ;

Trois par la chambre de commerce de Paris ;

Trois parmi les différents conseils de prud'hommes du département de la Seine.

Tous les membres du conseil de surveillance sont indéfiniment rééligibles.

Leurs fonctions sont gratuites [1].

Article 30.

Le conseil choisit son président, son vice-président

Directeur de la Banque, et composée de huit membres du Conseil de surveillance, chargés de décider, en dernier ressort, des nominations, appointements et avancements. (*Note de l'Editeur.*)

[1] La gratuité des fonctions est une mauvaise chose. Nous demandons au moins des *jetons de présence*, auxquels serait allouée une certaine somme. (*Note de l'Editeur.*)

et son secrétaire, et renouvelle son bureau chaque année.

Il se réunit au moins une fois par mois, et délibère à la majorité absolue des suffrages. La présence d'au moins treize membres est nécessaire pour valider une décision. L'un des censeurs, au moins, doit toujours assister aux réunions du conseil. Il est tenu procès-verbal de toutes les délibérations.

Le conseil peut être convoqué extraordinairement par son président, par le directeur, par les censeurs, par le commissaire du gouvernement.

Article 31.

Pour exercer une surveillance plus active et plus efficace sur toutes les opérations de la Banque, les membres du conseil seront répartis, par voie d'élection, en quatre comités renouvelables par tiers tous les six mois.

Ces comités seront :

1º Le comité des escomptes ;

2º Le comité des billets et de la circulation ;

3º Le comité des livres, des portefeuilles et des caisses ;

4º Et le comité des affaires contentieuses.

Ces comités se réuniront aussi souvent qu'il sera nécessaire pour les besoins du service. Ils seront présidés par le Directeur ou par les Sous-Directeurs. Les censeurs pourront assister à toutes les réunions des comités.

Article 32.

Le Conseil de surveillance est chargé de contrôler tous les actes des Directeur et Sous-Directeurs, de vérifier les livres, le portefeuille, la comptabilité et la caisse, de veiller à l'exécution stricte et rigoureuse des statuts et règlements de la Banque.

Il délibère sur tous les règlements intérieurs qui doivent lui être soumis par le Directeur, et les modifie s'il y a lieu. Il arrête, sur la proposition des directeurs, les bases de tous traités, convention et marchés à passer au nom de la Banque. Il statue sur la création, l'émission, le retrait ou l'annulation des billets.

Il autorise les opérations permises par les statuts, et en détermine les conditions. Il fixe, sur la proposition des Directeur et Sous-Directeurs, l'organisation des bureaux, les traitements des employés et agents de la Banque, et toutes les dépenses qui doivent toujours être délibérées d'avance chaque année. Il examine et vote le budget de la Banque centrale et des succursales ; il approuve les dépenses à la fin de chaque semestre, et se fait rendre compte par les Directeur et Sous-Directeurs, toutes les fois qu'il le juge convenable, de la situation générale de la Banque, de l'état des livres, des portefeuilles et des caisses.

Il vote sur toutes les propositions qui lui sont soumises, soit par les directeurs, soit par le commissaire du gouvernement, soit par les censeurs, soit par le conseil d'escompte. Il émet des vœux qu'il sont consignés au procès-verbal. Il donne son avis sur le taux de l'intérêt et des commissions à percevoir par la Banque. Enfin, il arrête tous les six mois, en assemblée générale, les inventaires, dont extrait est publié au *Moniteur* ; et, tous les ans, les comptes définitifs, dont un résumé est également publié dans *le Moniteur officiel*.

SECTION III. — DES CENSEURS

Article 33.

Le Conseil de surveillance choisira dans son sein, *trois* censeurs, nommés pour un an, et toujours rééligibles.

Les censeurs auront pour mission spéciale de veiller constamment à la rigoureuse exécution des statuts et règlements de la Banque. Ils exerceront une surveillance active sur toutes les parties de l'établissement. Ils se feront représenter, toutes les fois qu'ils le jugeront convenable, l'état des caisses, des portefeuilles, des livres, des registres, des billets en circulation. Ils pourront exiger la communication de toutes les pièces nécessaires à leur contrôle. Ils devront dénoncer sans délai au Conseil de surveillance, au ministre des finances et à l'Assemblée Nationale, toute infraction aux lois, statuts et règlements de la Banque. Ils pourront assister aux réunions de tous les comités et du conseil d'escompte, proposer dans ces différentes réunions, et au conseil de surveillance, toute mesure qu'ils jugeront utile, et exiger que leurs propositions et observations soient consignées dans les procès-verbaux.

Tous les mois, l'un des censeurs rendra un compte sommaire des opérations de la Banque, au conseil de surveillance.

A la fin de chaque semestre, les censeurs feront un rapport par écrit à l'Assemblée Nationale, sur la situation de la Banque et de ses succursales. Ce rapport, signé par tous les censeurs, sera publié dans *le Moniteur officiel*.

Le conseil de surveillance pourra allouer[1] aux censeurs une indemmité.

SECTION IV. — DU CONSEIL D'ESCOMPTE

Article 34.

Le Conseil de surveillance choisira dans son sein, ou hors de son sein, les membres du conseil d'escompte, qui devront être pris parmi les différentes spécialités du commerce et de l'industrie.

Le nombre des membres du conseil d'escompte n'est point limité. Ils seront élus pour un an, et toujours rééligibles. Leurs fonctions seront gratuites[2].

Article 35.

Les membres du conseil d'escompte se réuniront en assemblée générale, sur la convocation du direc-

---

[1] Nous disons *allouera*. (*Note de l'Editeur.*)

[2] Nous demandons encore au moins les *jetons de présence*.

teur, aussi souvent qu'il sera nécessaire, pour fournir des renseignements sur la solvabilité présumée de toutes les personnes qui ont des crédits ouverts à la Banque, ou qui demanderaient à entrer en relations d'affaires avec l'établissement.

Article 36.

Les membres du conseil d'escompte seront, en outre, répartis en trois commissions, et chacune d'elles se réunira au moins une fois par semaine, pour donder son avis sur les demandes d'escompte, et pour examiner les effets présentés.

Article 37.

Par les soins du Directeur, il sera dressé, d'après les documents que la Banque possèdera ou pourra se procurer, et d'après les renseignements qui seront fournis par les membres du conseil d'escompte, un registre par ordre alphabétique de tous les clients de la Banque ; et, en regard de chaque nom, sera mentionné le chiffre du crédit qui peut être ouvert à chaque signature.

Ce registre sera soumis à l'examen du conseil de surveillance ; il sera revisé au moins tous les six mois. Ce registre ne pourra être communiqué qu'aux membres des conseils de surveillance et d'escompte, aux censeurs et au commissaire du gouvernement.

SECTION V. — DU COMMISSAIRE DU GOUVERNEMENT

Article 38.

Un commissaire spécial sera nommé par le ministre des finances, pour représenter le gouvernement auprès de l'administration de la Banque.

Ce commissaire aura droit d'assister à toutes les réunions des conseils, comités et commissions, d'y prendre la parole quand il le jugera convenable, d'y faire toutes propositions et observations ; mais il n'aura point droit de vote.

Il aura, comme les censeurs, droit d'inspecter, à tout moment donné, les livres, les portefeuilles, la comptabilité et la caisse, d'exiger communication de toutes les pièces et de tous les dossiers nécessaires à l'exercice de ce contrôle.

Il contresignera tous les billets de circulation.

Le traitement du commissaire sera fixé par l'Assemblée Nationale.

DISPOSITIONS GÉNÉRALES

Article 39.

Toutes les lois antérieures et ordonnances, tous les décrets, arrêtés et règlements qui seraient contraires aux présents statuts, sont et demeurent abrogés.

Article 40.

Le taux de l'escompte, au-dessous du maximum fixé par les présents statuts ; la proportion entre les différentes coupures de billets et le chiffre de chacune d'elles ; le montant des émissions totales, pourront être réglés par un décret rendu, après une seule délibération, par l'Assemblée Nationale.

Article 41.

Les présents statuts, dans la plupart de leurs dispositions, pourront être modifiés par une loi spéciale rendue *après trois délibérations.*

Mais les articles 2, 3, 4, 5, 12, 13, 29, 38, et 41, ne pourront être modifiés, que la proposition émane du gouvernement ou de l'initiative parlementaire, que par décision prise après trois délibérations ; et la première délibération ne pourra avoir lieu que *six mois* après que le projet de réformes ou de modifications aura été lu en séance publique et inséré dans *le Moniteur officiel.*

Article 42.

Un décret du pouvoir exécutif, rendu sur la proposition du ministre des finances, qui devra consulter à cet effet l'administration de la Banque, et prendre l'avis du Conseil d'État, prescrira les mesures nécessaires pour l'exécution de la présente loi.

Article 43

Les règlements intérieurs adoptés par l'administration de la Banque, devront être soumis à l'approbation du Conseil d'État.

Article 44.

Le Conseil d'État, sur le rapport du ministre des finances, connaîtra des infractions aux statuts et règlements de la Banque, et des contestations relatives à l'administration intérieure. Il prononcera définitivement et sans recours entre les Directeur et Sous-Directeurs, et les censeurs ou membres des conseils.

Il jugera les conflits de pouvoirs, et statuera sur les interprétations de la présente loi.

Le Conseil d'État décidera également, dans les cas prévus par l'article 4, de l'aliénation des titres de rentes formant le capital de garantie.

DES SUCCURSALES DE LA BANQUE

Article 45

La Banque pourra établir des succursales, dans les principaux centres de commerce et d'industrie.

Chaque succursale sera constituée par un décret du pouvoir exécutif, rendu sur le rapport du ministre des finances, le Conseil d'État entendu, et sur la demande de l'administration de la Banque centrale.

Toutes les succursales seront des comptoirs de la

Banque de Paris, et resteront placées sous sa direction supérieure. *Elles n'auront point droit d'émettre en leur nom des billets spéciaux.*

Article 46.

Le décret qui constituera une succursale, en règlera l'organisation et les opérations. Il règlera de même les attributions et le mode de nomination des membres du conseil de surveillance, du conseil d'escompte et des censeurs.

Article 47.

Les succursales, comme la Banque centrale, seront soumises au contrôle permanent du commissaire du gouvernement et des inspecteurs des finances.

Article 48.

Le directeur de chaque succursale sera nommé par le Directeur de la Banque de Paris, et devra être agréé par le Conseil d'administration et de surveillance.

FIN

TABLE

ÉVREUX, IMPRIMERIE DE CHARLES HÉRISSEY